무량공덕 사경 2

도서출판 창
Chang Books

사경은 무량공덕의 기도

무비스님

부처님께서 말씀하시기를 "수보리야, 나는 과거 무량아승지겁 동안 팔백 사천 만억이나 되는 수많은 부처님을 받들어 섬기고 공양(供養)올렸느니라. 그러나 만약 어떤 사람이 이 금강경을 쓰거나 독송하여 얻은 공덕(功德)과 비교한다면 부처님을 받들어 섬기고 공양한 공덕으로는 천만분의 일도 미치지 못하느니라. 왜냐하면 이 경전의 의미는 불가사의하며 그 과보(果報)도 또한 불가사의하기 때문이니라."라고 하시었습니다.

실로 금강경은 팔만대장경 중에서 가장 사랑받는 경전이며 한국불교의 소의경전(所依經典)입니다. 역대의 조사(祖師)스님들이 제일 많이 연구하여 수많은 주석서(註釋書)를 남겼습니다. 현대를 살아가는 오늘날의 사람들에게는 더욱 더 값지고 소중한 가르침이 될 것입니다. 인생의 진정한 의미와 가치, 그리고 그 바른 길을 제시해 주기 때문입니다.

금강경은 '다이아몬드처럼 빛나는 지혜의 말씀'이라고 할 수 있습니다. 우리가 한 생을 살아가면서 이와 같이 귀중한 가르침을 만난다는 것은 이 세상에 그 무엇과도 비교할 수 없는 행복한 일입니다.

경전을 통한 수행에는 네 가지를 듭니다. 서사(書寫)·수지(受持)·독송(讀誦)·해설(解說)이 그것입니다. 서사란 사경(寫經)으로서 경전을 쓰는 일입니다. 경전을 쓰는 일은 온 몸과 마음을 다해야 하기 때문에 최상제일이며 무량공덕의 기도가 됩니다. 사람이 살아가는 일에 있어서 이보다 더 소중하고 값진 일은 없을 것입니다.

사경공덕수승행 무변승복개회향

寫經功德殊勝行 無邊勝福皆廻向

보원침익제유정 속왕무량광불찰

普願沈溺諸有情 速往無量光佛刹

경을 쓰는 이 공덕 수승하여라

가없는 그 복덕 모두 회향하여

이 세상의 모든 사람 모든 생명들

무량광불 나라에서 행복하여지이다.

불기 2545년 동안거　채

발 원 문

사경제자 :   합장

사경시작 일시 :   년   월   일

사 경 의 식

삼귀의례

거룩한 부처님께 귀의합니다.

거룩한 가르침에 귀의합니다.

거룩한 스님들께 귀의합니다.

개경게

가장 높고 미묘하신 부처님 법

백천만 겁 지나도록 인연 맺기 어려워라

내가 이제 불법진리 보고 듣고 옮겨 쓰니

부처님의 진실한 뜻 깨우치기 원합니다.

사경발원

자신이 세운 원을 정성스런 마음으로 발원한다.

입정

정좌해서 마음을 고요히 하여 사경할 자세를 갖춘다.

사경시작

사경끝남

사경봉독

손수 쓴 경전을 소리내어 한 번 독송한다.

사경회향문

경을 쓰는 이 공덕 수승하여라
가없는 그 복덕 모두 회향하여
이 세상의 모든 사람 모든 생명들
무량광불 나라에서 행복하여지이다.

불전삼배

사홍서원

중생을 다 건지오리다.
번뇌를 다 끊으오리다.
법문을 다 배우오리다.
불도를 다 이루오리다.

金剛般若波羅蜜經

금강반야바라밀경

姚秦 三藏法師 鳩摩羅什 譯

요진 삼장법사 구마라습 역

法會因由分 第一

법회인유분 제일

如是我聞하니

여시아문하니

一時에 佛이 在舍衛國祇樹給孤獨園하사 與大比丘眾千二百五十人으로

일시에 불이 재사위국기수급고독원하사 여대비구중천이백오십인으로

俱구니러시 爾時이시에 世尊세존이 食時식시에 着衣持鉢착의지발하시고

入舍衛大城입사위대성하사 乞食걸식하실새 於其城中어기성중에 次第차제

乞已걸이고하사 還至本處환지본처하사 飯食訖반사흘고하시 收衣鉢수의발하시며

洗足已세족이고하시 敷座而坐부좌이좌하시다

善現起請分선현기청분 第二제이

時시에 長老須菩提장로수보리가 在大衆中재대중중하시다가 卽從座즉종좌

起하사 偏袒右肩하시며 右膝着地고하시 合掌恭敬하사
而白佛言하사대 希有世尊이시여 如來가 善護念
諸菩薩하시며 善付囑諸菩薩하나니 世尊이시여 善男
子善女人이 發阿耨多羅三藐三菩提心하니
應云何住며 云何降伏其心이리까 佛言하사대 善
哉善哉라 須菩提야 如汝所說하여 如來가

善護念諸菩薩하며 善付囑諸菩薩하나니 汝今發
선호념제보살 선부촉제보살 여금 발

阿耨多羅三藐三菩提心는하니 應如是住하며
아뇩다라삼먁삼보리심 응여시주

諦聽하라 當爲汝說하리라 善男子善女人이
제청 당위여설 선남자선녀인

如是降伏其心라이니 唯然世尊이여 願樂欲聞이다하나
여시항복기심 유연세존 원요욕문

大乘正宗分 第三

대승정종분 제삼

佛告須菩提 諸菩薩摩訶薩이 應如
불고수보리 대하사 제보살마하살 응여

是降伏其心이니 所有一切衆生之類인 若
卵生과 若胎生과 若濕生과 若化生과 若
有色과 若無色과 若有想과 若無想과 若
非有想非無想을 我皆令入無餘涅槃하여
而滅度之하리니 如是滅度無量無數無邊衆
生하되 實無衆生得滅度者니라 何以故오 須

菩提야 若菩薩이 有我相人相衆生相壽者相하면 即非菩薩이라이니

妙行無住分 第四

復次須菩提야 菩薩이 於法에 應無所住하야 行於布施니 所謂不住色布施며 不住香味觸法布施니 須菩提야 菩薩이 應如

是_시布_보施_시하여 不_부住_주於_어相_상이니 何_하以_이故_고오 若_약菩_보薩_살이

不_부住_주相_상布_보施_시하면 其_기福_복德_덕을 不_불可_가思_사量_량이라이니 須_수

菩_보提_리야 於_어意_의云_운何_하오 東_동方_방虛_허空_공을 可_가思_사量_량

不_불아 不_불也_야니이다 世_세尊_존하 須_수菩_보提_리야 南_남西_서北_북方_방과

四_사維_유上_상下_하虛_허空_공을 可_가思_사量_량不_불아 不_불也_야니이다 世_세

尊_존하 須_수菩_보提_리야 菩_보薩_살의 無_무住_주相_상布_보施_시하는 福_복

德도 亦復如是하여 不可思量이라이니 須菩提야

菩薩은 但應如所敎住니라

如理實見分 第五

須菩提야 於意云何오 可以身相으로 見如來不아 不也니이다 世尊이시여 不可以身相으로 得見如來니 何以故오 如來所說身相은 即

非身相이니 佛이 告須菩提 凡所有相이 皆是虛妄이니 若見諸相非相하면 卽見如來니라

正信希有分 第六

須菩提가 白佛言 世尊이시여 頗有衆生이 得聞如是言說章句하고 生實信不이까 佛이 告須菩提하사대 莫作是說하라 如來滅後 後五

百歲에 有持戒修福者가 於此章句에 能
生信心하여 以此爲實하리니 當知是人은 不於
一佛二佛三四五佛에 而種善根이라
無量千萬佛所에 種諸善根하여 聞是章句하고
乃至一念生淨信者니라 須菩提야 如來가
悉知悉見하나니 是諸衆生이 得如是無量福

德이니라 何以故오 是諸衆生이 無復我相人
相衆生相壽者相하며 無法相하며 亦無非法
相이니 何以故오 是諸衆生이 若心取相하면
卽爲着我人衆生壽者니 若取法相이라도 卽
着我人衆生壽者며 何以故오 若取非法
相이라도 卽着我人衆生壽者니라 是故로
不應

取法이며 不應取非法이라이니 以是義故로 如來가 常說하시되 汝等比丘가 知我說法을 如筏喩者어든 法尙應捨어든 何況非法이리요

無得無說分 第七

須菩提야 於意云何오 如來가 得阿耨多羅三藐三菩提耶아 如來가 有所說法耶아

須菩提가 言하대 如我解佛所說義컨댄 無有

定法名阿耨多羅三藐三菩提며 亦無有

定法如來所說法이니 何以故오 如來所說法은

皆不可取며 不可說이며 非法이며 非非法이니

所以者何오 一切賢聖이 皆以無爲法으로

而有差別이니이다

依法出生分 第八

의법출생분 제팔

須菩提야 於意云何오 若人이 滿三千大
수보리야 어의운하오 약인이 만삼천대

千世界七寶로 以用布施하면 是人의 所得
천세계칠보로 이용보시하면 시인의 소득

福德이 寧爲多不아 須菩提가 言하사대 甚多
복덕이 영위다부아 수보리가 언하사대 심다

世尊하 何以故오 是福德이 卽非福德性
세존하 여이고오 시복덕이 즉비복덕성일새

是故로 如來가 說福德多다니이 若復有人이
시고로 여래가 설복덕다다니이 약부유인이

於此經中에 受持乃至四句偈等하여 爲他人說하면 其福이 勝彼하리니 何以故오 須菩提야 一切諸佛과 及諸佛阿耨多羅三藐三菩提法이 皆從此經出이니라 須菩提야 所謂佛法者는 卽非佛法이니라

一相無相分第九

須菩提야 於意云何오
須陀洹이 能作是
念하되 我得須陀洹果不아
須菩提가 言하사대
不也니이다 世尊이시여 何以故오
須陀洹은 名爲
入流로되 而無所入이니 不
入色聲香味觸法일새
是名須陀洹이니이다
須菩提야 於意云何오 斯
陀含이 能作是念하되
我得斯陀含果不아

須菩提가 言하되 不也니이다 世尊이시여 何以故오
斯陀含은 名一往來로되 而實無往來일새 是故로
名斯陀含이니이다 須菩提야 於意云何오 阿那
含이 能作是念하되 我得阿那含果不아
菩提가 言하되 不也니이다 世尊하 何以故오
那含은 名爲不來로되 而實無不來일새

名阿那含이이다니 須菩提야 於意云何오 阿羅漢이 能作是念하되 我得阿羅漢道아 不아 須菩提言 不也니다 世尊이시여 何以故오 實無有法名阿羅漢이니 世尊이시여 若阿羅漢이 作是念하되 我得阿羅漢道라한면 即爲着我人衆生壽者니이다 世尊이시여 佛說我得無諍三昧하여

人中(인중)에 最爲第一(최위제일)이라 是第一離欲阿羅漢(시제일이욕아라한)이시나

我不作是念(아부작시념)하되 我是離欲阿羅漢(아시이욕아라한)이라하노니 世尊(세존)이

我若作是念(아약작시념)하되 我得阿羅漢道(아득아라한도)라하면 世尊(세존)이

即不說須菩提(즉불설수보리)가 是樂阿蘭那行者(시요아란나행자)라하시련마는 以(이)

須菩提(수보리)가 實無所行(실무소행)일새 而名須菩提(이명수보리)가 是(시)

樂阿蘭那行(요아란나행)이라하시나이다

莊嚴淨土分 第十

佛告須菩提 於意云何 如來 昔在燃燈佛所 於法 有所得不 不也 世尊 如來在燃燈佛所 於法 實無所得 須菩提 於意云何 菩薩 莊嚴佛土不 不也 世尊 何以故

莊嚴佛土者는 即非莊嚴일새 是名莊嚴이니라

是故로 須菩提야 諸菩薩摩訶薩이 應如

是生淸淨心이니 不應住色生心하며 不應住

聲香味觸法生心이요 應無所住하여 而生其

心이니 須菩提야 譬如有人이 身如須彌山

王하면 於意云何오 是身이 爲大不아 須菩

提가 言甚大니이다 世尊하 何以故오 佛說

非身이 是名大身이니이다

無爲福勝分 第十一

須菩提야 如恒河中所有沙數 如是沙

等恒河 於意云何오 是諸恒河沙가 寧

爲多아 不아 須菩提言대하사 甚多니이다 世尊하

但諸恒河도 尚多無數ㅣ어든 何況其沙까리이 須
菩提야 我今實言으로 告汝니하리 若有善男子
善女人이 以七寶로 滿爾所恒河沙數三
千大千世界하여 以用布施하면 得福이 多不아
須菩提言 甚多니이다 世尊이시여 佛이 告須
菩提하사 若善男子善女人이 於此經中에

乃至受持四句偈等하여 爲他人說하면 而此
내지 수지 사구게 등 위타인설 이차

福德이 勝前福德이라하리
복덕 승전복덕

尊重正教分 第十二
존중정교분 제십이

復次須菩提야 隨說是經하되 乃至四句偈
부차수보리 수설시경 내지사구게

等하면 當知此處는 一切世間天人阿修羅가
등 당지차처 일체세간천인아수라

皆應供養을 如佛塔廟어든 何況有人이 盡
개응공양 여불탑묘 하황유인 진

能수지독송가 受持讀誦하면 須菩提야 當知是人은 成

就最上第一希有之法이니 若是經典所在

之處는 即爲有佛과 若尊重弟子니라

如法受持分 第十三

爾時에 須菩提가 白佛言하사 世尊여이시 當何

名此經이며 我等이 云何奉持이하까리 佛이 告須

菩提(보리)대하사 是經(시경)은 名爲(명위) 金剛(강)般若(반야)波羅(바라)蜜(밀)이니

以是(이시)名字(명자)로 汝當(여당)奉持(봉지)하라 所以者何(소이자하)오 須(수)

菩提(보리)야 佛說(불설)般若(반야)波羅(바라)蜜(밀)이 即非(즉비)般若(반야)波(바)

羅蜜(라밀)이라 是名(시명)般若(반야)波羅(바라)蜜(라)이니 須(수)菩提(보리)야 於(어)

意云何(의운하)오 如來(여래)가 有所說法不(유소설법부)아 須菩提(수보리)가

白佛言(백불언) 世尊(세존)하 如來(여래)가 無所說(무소설)이이다니 須菩(수보)

提 리야 於意云何 어의운하오 三千大千世界所有微 삼천대천세계소유미

塵 진이 是爲多不 시위다부아 須菩提 수보리가 言 언대하사 甚多 심다

世尊 세존여이시 須菩提 수보리야 諸微塵 제미진 如來說非 여래가설비세

微塵 미진 是名微塵 시명미진이며 如來說世界非世 여래가설세계비세

界 계일세 是名世界 시명세계니라 須菩提 수보리야 於意云何 어의운하오

可以 가이 三十二相 삼십이상이상 見如來不 견여래부아 不也世 불야다니이세

尊하 不可以三十二相으로 得見如來니 何以故오 如來가 說三十二相이 卽是非相일새 是名三十二相이니라 須菩提야 若有善男子善女人이 以恒河沙等身命으로 布施어든 若復有人이 於此經中에 乃至受持四句偈等하여 爲他人說하면 其福이 甚多니라

離相寂滅分(이상적멸분) 第十四(제십사)

爾時(이시)에 須菩提(수보리)가 聞說是經(문설시경)고하시 深解義趣(심해의취)하사 涕淚悲泣(체루비읍)하며 而白佛言(이백불언)하사대 希有世尊(희유세존)하 佛說如是甚深經典(불설여시심심경전)은 我從昔來所得慧眼(아종석래소득혜안)으로 未曾得聞如是之經(미증득문여시지경)이니 世尊(세존)하 若復有人(약부유인)이 得聞是經(득문시경)하고 信心清淨(신심청정)하면 即生實相(즉생실상)하리니 當(당)

知是人은 成就第一希有功德이니 世尊이시

是實相者는 即是非相일새 是故로 如來가

說名實相이니 世尊아 我今得聞如是經典하고

信解受持는 不足爲難이어니와 若當來世後五

百歲에 其有衆生이 得聞是經하고 信解受

持하면 是人은 即爲第一希有하리니 何以故오

此人(차인)은 無我相(무아상)하며 無人相(무인상)하며 無衆生相(무중생상)하며 無壽者相(무수자상)이니 所以者何(소이자하)오 我相(아상)이 即是非相(즉시비상)이며 人相衆生相壽者相(인상중생상수자상)이 即是非相(즉시비상)이라 何以故(하이고)오 離一切諸相(이일체제상)을 即名諸佛(즉명제불)이니 佛(불)이 告須菩提(고수보리)하사대 如是如是(여시여시)하다 若復有人(약부유인)이 得(득)聞是經(문시경)하고 不驚不怖不畏(불경불포불외)하면 當知是人(당지시인)은

甚爲希有하니 何以故오 須菩提야 如來가 說第一波羅蜜이 卽非第一波羅蜜일새 是名第一波羅蜜이니 須菩提야 忍辱波羅蜜도 如來가 說非忍辱波羅蜜이니 是名忍辱波羅蜜이니 何以故오 須菩提야 如我昔爲歌利王에게 割截身體하여 我於爾時에 無我相하며

無人相하며 無衆生相하며 無壽者相호라 何以故오 我於往昔節節支解時에 若有我相人相衆生相壽者相이면 應生嗔恨이니라 須菩提야 又念過去於五百世에 作忍辱仙人하야 於爾所世에 無我相하며 無人相하며 無衆生相하며 無壽者相호라 是故로 須菩提야 菩薩이

應離一切相하고 發阿耨多羅三藐三菩提
心이니 不應住色生心하며 不應住聲香味觸
法生心이요 應生無所住心이니 若心有住면
卽爲非住니 是故로 佛說菩薩은 心不應
住色布施니라하 須菩提야 菩薩이 爲利益
一切衆生하여 應如是布施니 如來가 說一切

諸相이 卽是非相이며 又說一切衆生이 卽非衆生이니 須菩提야 如來는 是眞語者며 實語者며 如語者며 不誑語者며 不異語者라시니 須菩提야 如來所得法은 此法이 無實無虛하니라 須菩提야 若菩薩이 心住於法하야 而行布施하면 如人이 入暗에 卽無所見이요

若菩薩이 心不住法하여 而行布施하면 如人이

有目하여 日光明照에 見種種色이니라 須菩提야

當來之世에 若有善男子善女人이 能於

此經에 受持讀誦하면 卽爲如來가 以佛智

慧로 悉知是人하며 悉見是人하여 皆得成就

無量無邊功德하리라

須菩提야 若有善男子善女人이 初日分에
수보리야 약유선남자선여인이 초일분에

以恒河沙等身으로 布施하고 中日分에 復以
이항하사등신으로 보시하고 중일분에 부이

恒河沙等身으로 布施하며 後日分에 亦以恒
항하사등신으로 보시하며 후일분에 역이항

河沙等身으로 布施하여 如是無量百千萬億
하사등신으로 보시하여 여시무량백천만억

劫을 以身布施어든 若復有人이 聞此經典하고
겁을 이신보시어든 약부유인이 문차경전하고

信心不逆(신심불역)하면 其福(기복)이 勝彼(승피)하리니 何況書寫受(하황서사수)
持讀誦(지독송)하여 爲人解說(위인해설)이요 須菩提(수보리)야 以要言(이요언)
之(지)컨댄 是經(시경)이 有不可思議不可稱量無邊(유불가사의불가칭량무변)
功德(공덕)하니 如來(여래)가 爲發大乘者說(위발대승자설)이며 爲發最(위발최)
上乘者說(상승자설)이니 若有人(약유인)이 能受持讀誦(능수지독송)하여 廣(광)
爲人說(위인설)하면 如來(여래)가 悉知是人(실지시인)하며 悉見是人(실견시인)하여

皆得成就不可量不可稱無有邊不可思
개득성취 불가량 불가칭 무유변 불가사

議功德하리라 如是人等은 即爲荷擔如來阿
의공덕 여시인등 즉위하담여래아

耨多羅三藐三菩提니라 何以故오 須菩提야
뇩다라삼먁삼보리 하이고 수보리

若樂小法者는 着我見人見衆生見壽者
약요소법자 착아견인견중생견수자

見인댄 即於此經에 不能聽受讀誦하야 爲人
견 즉어차경 불능청수독송 위인

解說하리라 在在處處에 若有此經하면
해설 재재처처 약유차경

一切世間天人阿修羅의 所應供養이니 當
知此處는 即爲是塔이라 皆應恭敬作禮圍
繞하여 以諸華香으로 而散其處라하리라

能淨業障分 第十六

復次須菩提야 善男子善女人이 受持讀
誦此經하되 若爲人輕賤하면 是人이 先世罪

業으로 應墮惡道는언마 以今世人이 輕賤故로 先世罪業이 即爲消滅하고 當得阿耨多羅 三藐三菩提라하리라 須菩提야 我念過去無量 阿僧祇劫하니 於燃燈佛前에 得値八百四 千萬億那由他諸佛하여 悉皆供養承事하여 無空過者호라 若復有人이 於後末世에 能

四九

受持讀誦此經하면 所得功德이 於我所供
養諸佛功德으로 百分에 不及一이며 千萬億
分 乃至算數譬喻로 所不能及라이니
提야 若善男子善女人이 於後末世에 有
受持讀誦此經하는 所得功德을 我若具說
者면 或有人이 聞하고 心即狂亂하여 狐疑不

信하리라 須菩提야 當知是經은 義도 不可思議며 果報도 亦不可思議니라

究竟無我分 第十七

爾時에 須菩提가 白佛言하사대 世尊이시여 善男子善女人이 發阿耨多羅三藐三菩提心하니는 云何應住며 云何降伏其心이리까 佛이 告須

菩提 若善男子善女人이 發阿耨多羅
三藐三菩提心者는 當生如是心이니 我應
滅度一切衆生하야 滅度一切衆生已하고
無有一衆生이 實滅度者니라 何以故오
須菩提야 若菩薩이 有我相人相衆生相壽
者相이면 卽非菩薩이라니 所以者何오 須菩提

實無有法發阿耨多羅三藐三菩提心者

須菩提 於意云何 如來 於燃燈佛

所有法得阿耨多羅三藐三菩提不

不也 世尊 如我解佛所說義

於燃燈佛所 無有法得阿耨多羅三藐

三菩提 佛言 如是如是 須菩提

實無有法如來得阿耨多羅三藐三菩提니라 須菩提야 若有法如來得阿耨多羅三藐三菩提者인댄 燃燈佛이 即不與我授記하사 汝於來世에 當得作佛하여 號를 釋迦牟尼와어니 以實無有法得阿耨多羅三藐三菩提일새 是故로 燃燈佛이 與我授記하사 作是言하사대

汝於來世에 當得作佛하여 號를 釋迦牟尼시라하니

何以故오 如來者는 即諸法如義니라

人이 言如來得阿耨多羅三藐三菩提라하면

須菩提야 實無有法佛得阿耨多羅三藐三菩提니

須菩提야 如來所得阿耨多羅三藐三菩提는

於是中에 無實無虛라하니 是

故로 如來가 說一切法이 皆是佛法이라하나니 須菩提야 所言一切法者는 卽非一切法일새 是故로 名一切法이라하나니 須菩提야 譬如人身長大니라 須菩提가 言大하사 世尊이시여 如來가 說人身長大는 卽爲非大身일새 是名大身이니이다 須菩提야 菩薩도 亦如是하야 若作是言하되

我當滅度無量衆生(아당멸도무량중생)하이면라 卽不名菩薩(즉불명보살)이니 何(하)

以故(이고로) 須菩提(수보리)야 實無有法名爲菩薩(실무유법명위보살)이라이니

是故(시고)로 佛說一切法(불설일체법)이 無我無人無衆生(무아무인무중생)

無壽者(무수자)노라하 須菩提(수보리)야 若菩薩(약보살)이 作是言(작시언)하되

我當莊嚴佛土(아당장엄불토)면라하 是不名菩薩(시불명보살)이니 何以故(하이고)오

如來(여래)가 說莊嚴佛土者(설장엄불토자)는 卽非莊嚴(즉비장엄)일새 是

名莊嚴이니 須菩提야 若菩薩이 通達無我

法者는 如來가 說名眞是菩薩이라이니

一體同觀分 第十八

須菩提야 於意云何오 如來가 有肉眼不아

如是다니이 世尊이시여 如來가 有肉眼이다니이 須菩提야

於意云何오 如來가 有天眼不아 如是다니이

世尊(세존)이시여 如來(여래)가 有天眼(유천안)이이다니

須菩提(수보리)야 於意云何(어의운하)오 如來(여래)가 有慧眼(유혜안)부아 如是(여시)다니이 世尊(세존)이시여 如來(여래)가 有慧眼(유혜안)이이다니

須菩提(수보리)야 於意云何(어의운하)오 如來(여래)가 有法眼(유법안)부아 如是(여시)다니이 世尊(세존)이시여 如來(여래)가 有法眼(유법안)이이다니

須菩提(수보리)야 於意云何(어의운하)오 如來(여래)가 有佛眼(유불안)부아 如是(여시)다니이 世尊(세존)이시여 如來(여래)가 有佛(유불)

眼(안)이이다니 須菩提(수보리)야 於意云何(어의운하)오 如恒河中所(여항하중소)
有沙(유사)를 佛說是沙不(불설시사부)아 如是(여시)다니이 世尊(세존)이시여 如(여)
來(래)가 說是沙(설시사) 須菩提(수보리)야 於意云何(어의운하)오 如(여)
一恒河中所有沙(일항하중소유사)하여 有(유) 如是沙等恒(여시사등항)
是諸恒河所有沙數佛世界(시제항하소유사수불세계)가 如是寧爲(여시녕위)
多不(다부)아 甚多(심다)다니이 世尊(세존)여이시 佛(불)이 告須菩提(고수보리)대하사

爾所國土中所有衆生의 若干種心을 如來悉知하나니 何以故오 如來가 說諸心이 皆爲非心일새 是名爲心이니 所以者何오 須菩提야 過去心不可得이며 現在心不可得이며 未來心不可得이니라

法界通化分 第十九

須菩提(수보리)야 於意云何(어의운하)오 若有人(약유인)이 滿三千(만삼천)大千世界七寶(대천세계칠보)로 以用布施(이용보시)하면 是人(시인)이 以是因緣(이시인연)으로 得福(득복)이 多不(다부)아 如是(여시)니이다 世尊(세존)이시여 此(차)人(인)이 以是因緣(이시인연)으로 得福(득복)이 甚多(심다)니이다 須菩提(수보리)야 若福德(약복덕)이 有實(유실)인댄 如來(여래)가 不說得福德多(불설득복덕다)와언니 以福德(이복덕)이 無故(무고)로 如來(여래)가 說得福德多(설득복덕다)니라

離色離相分 第二十

須菩提야 於意云何오 佛을 可以具足色身으로 見不아 不也니이다 世尊이시여 如來를 不應以具足色身으로 見이니 何以故오 如來가 說具足色身이 即非具足色身일새 是名具足色身이니라 須菩提야 於意云何오 如來를 可

以具足_{이구족}諸相_{제상}으로 見不_{견부}아 不也_{불야}다 世尊_{세존}이시여 如來_{여래}를 不應_{불응}以具足_{이구족}諸相_{제상}으로 見_견이니 何以故_{하이고}오 如來_{여래}가 說諸相具足_{설제상구족}이 卽非具足_{즉비구족}이라 是名_{시명}諸相具足_{제상구족}이니다

非說所說分_{비설소설분} 第二十一_{제이십일}

須菩提_{수보리}야 汝勿謂如來_{여물위여래}가 作是念_{작시념}하되 我當_{아당}

有所說法하이라 莫作是念이니 何以故오 若人이

言如來가 有所說法하면 即爲謗佛이라 不能

解我所說故니라 須菩提야 說法者는 無法

可說을 是名說法이라니 爾時에 慧命須菩提가

白佛言하사대 世尊이시여 頗有衆生이 於未來世에

聞說是法하고 生信心不이까 佛言하사대 須菩提야

彼非衆生이며 非不衆生이니 何以故오 須菩
提 衆生衆生者는 如來가 說非衆生일새
是名衆生이니라

無法可得分 第二十二

須菩提가 白佛言 世尊이시 佛이 得阿耨
多羅三藐三菩提는 爲無所得耶다니이 佛言

如是如是하다 須菩提야 我於阿耨多羅三貌三菩提에 乃至無有少法可得일새 是名阿耨多羅三貌三菩提니라

淨心行善分 第二十三

復次須菩提야 是法이 平等하여 無有高下일새 是名阿耨多羅三貌三菩提니 以無我無

人無衆生無壽者로 修一切善法하면 即得

阿耨多羅三藐三菩提라하리 須菩提야 所言

善法者는 如來說即非善法일새 是名善法라이니

福智無比分 第二十四

須菩提야 若三千大千世界中所有諸須

彌山王如是等七寶聚를 有人이 持用布

施若人이 以此般若波羅蜜經으로 乃至 四句偈等을 受持讀誦하여 爲他人說하면 於前福德으로 百分에 不及一이며 百千萬億分과 乃至算數譬喩로 所不能及이라이니

化無所化分 第二十五

須菩提야 於意云何오 汝等은 勿謂如來가

作是念하되 我當度衆生하이라 須菩提야 莫作
是念이니 何以故오 實無有衆生如來度者니
若有衆生如來度者면 如來가 卽有我人
衆生壽者니라 須菩提야 如來가 說有我者는
卽非有我어늘 而凡夫之人이 以爲有我일새
須菩提야 凡夫者는 如來가 說卽非凡夫일새

是名凡夫(시명범부)니라 ·

法身非相分(법신비상분) 第二十六(제이십육)

須菩提(수보리)야 於意云何(어의운하)오 可以三十二相(가이삼십이상)으로 觀如來不(관여래부)아 須菩提(수보리) 言(언)하사대 如是如是(여시여시)이다하니 以三十二相(이삼십이상)으로 觀如來(관여래)다니이 佛言(불언)하사대 須菩提(수보리)야 若以三十二相(약이삼십이상)으로 觀如來者(관여래자)인댄 轉輪聖王(전륜성왕)이

卽是如來로다

須菩提가 白佛言 世尊하사대

如我解佛所說義컨댄 不應以三十二相으로 觀如來니이다

爾時에 世尊이 而說偈言하사대

若 以色見我어나 以音聲求我하면 是人은 行邪道라 不能見如來니라

無斷無滅分 第二十七

須菩提야 汝若作是念하되 如來가 不以具
足相故로 得阿耨多羅三藐三菩提야
菩提야 莫作是念하되 如來가 不以具足相
故로 得阿耨多羅三藐三菩提라하 須菩提야
汝若作是念하되 發阿耨多羅三藐三菩提
心者는 說諸法斷滅가 莫作是念이니 何以

故오 發阿耨多羅三藐三菩提心者는 於
法에 不說斷滅相라이니

不受不貪分 第二十八

須菩提야 若菩薩이 以滿恒河沙等世界七寶로 持用布施어든 若復有人이 知一切法無我하야 得成於忍하면 此菩薩이 勝前菩

薩의 所得功德이니 何以故오 須菩提야 以諸菩薩이 不受福德故니라 須菩提가 白佛言 世尊이시 云何菩薩이 不受福德이니잇고 須菩提야 菩薩의 所作福德은 不應貪着일새 是故로 說不受福德이니라

威儀寂靜分 第二十九

須菩提야 若有人이 言如來가 若來若去若坐若臥라하면 是人은 不解我所說義니 何以故오 如來者는 無所從來며 亦無所去일새 故名如來니라

一合理相分第三十

須菩提야 若善男子善女人이 以三千大

千世界(천세계)로 碎爲微塵(쇄위미진)하면 於意云何(어의운하)오 是微塵衆(시미진중)이 寧爲多不(영위다부)아 須菩提(수보리) 言(언) 甚多(심다)니이다 世尊(세존)하 何以故(하이고)오 若是微塵衆(약시미진중)이 實有者(실유자)인댄 佛(불)이 卽不說是微塵衆(즉불설시미진중)이니 所以者何(소이자하)오 佛說微塵衆(불설미진중)이 卽非微塵衆(즉비미진중)일새 是名微塵衆(시명미진중)이이다 世尊(세존)하 如來所說三千大千世界(여래소설삼천대천세계)가 卽非世界(즉비세계)일새 是

名世界니 何以故오 若世界가 實有者인댄 即是一合相이니 如來가 說一合相은 即非一合相일새 是名一合相이니이다 須菩提야 一合相者는 即是不可說이어늘 但凡夫之人이 貪着其事니라

知見不生分 第三十一

須菩提야 若人이 言佛說我見人見眾生
見壽者見하이면라 須菩提야 於意云何오 是人이
解我所說義不아 不也다니이 世尊이시여
不解如來所說義니 何以故오 世尊이 說
我見人見眾生見壽者見은 即非我見人見眾生
見眾生見壽者見일새 是名我見人見眾生

見見壽者見이니 須菩提야 發阿耨多羅三藐

견 수 자 견 이니 수보리 야 발 아 뇩 다 라 삼 먁 막

三菩提心者는 於一切法에 應如是知하며 如是見하며

삼 보 리 심 자 는 어 일 체 법 에 응 여 시 지 하며 여 시 견 하며

如是信解하여 不生法相이니 須菩提야 所言法相者는

여 시 신 해 하여 불 생 법 상 이니 수보리 야 소 언 법 상 자 는

如來가 說即非法相일새 是名法相이니라

여래 가 설 즉 비 법 상 일새 시 명 법 상 이니라

應化非眞分 第三十二

응 화 비 진 분 제 삼 십 이

須菩提야 若有人이 以滿無量阿僧祇世
界七寶로 持用布施어든 若有善男子善女
人이 發菩薩心者가 持於此經하여 乃至四
句偈等을 受持讀誦하여 爲人演說하면 其福
勝彼하리니 云何爲人演說고 不取於相하여 如
如不動이라 何以故오 一切有爲法이 如夢

幻泡影하며 如露亦如電하니 應作如是觀이라하니

佛說是經已하시 長老須菩提와 及諸比丘比丘尼와 優婆塞優婆夷와 一切世間 天人阿修羅가 聞佛所說하고 皆大歡喜하여 信受奉行이라하니

金剛般若波羅蜜經 終

한글 금강반야바라밀경

무비스님

제1, 법회가 열린 인연 [法會因由分]

이와 같은 내용을 저는 들었습니다.

어느 날 부처님께서 사위국(舍衛國)의 기수급고독원(祇樹給孤獨園)에서 일천이백오십 명의 큰스님들과 함께 계셨습니다.

그 때 세존께서는 공양(供養)을 드실 때가 되었으므로 가사(袈裟)를 입으시고 발우(鉢盂)를 들고 사위성(城)에 들어가서 걸식(乞食)하셨습니다. 그 성 안에서 차례대로 걸식하여 마치시고 본곳으로 돌아오셨습니다. 공양을 마치신 뒤 가사와 발우를 거두시고 발을 씻으신 다음 자리를 펴고 앉으셨습니다.

제2, 선현(善現)이 법을 청하다 [善現起請分]

그 때 덕이 높으신 수보리(須菩提) 존자(尊者)가 대중 가운데 계시다가 곧 자리에서 일어났습니다. 옷차림을 바르게 정돈하고, 오른쪽 무릎을 땅에 꿇고, 합장 공경하면서 부처님께 사뢰었습니다.

"희유하십니다, 세존이시여. 여래께서는 모든 보살들을 잘 보살펴 주시고, 모든 보살들에게 잘 당부하십니다. 세존이시여, 선남자·선여인이 최상의 깨달음에 대한 마음을 일으킨 이는 어떻게 머물며, 어떻게 그 마음을 항복 받아야 합니까?"

부처님께서 말씀하셨습니다.

"매우 좋은 질문이다, 수보리야. 그대의 말과 같이 여래는 모든 보살들을 잘 보살피고 잘 당부하느니라. 그대들은 이제 자세히 들어라. 마땅히 그대들을 위하여 설명하리라.

선남자·선여인이 최상의 깨달음에 대한 마음을 일으킨 사람은 반드시 이와 같이 머물고, 이와 같이 그 마음을 항복 받을지니라.”

“예, 그렇게 하겠습니다, 세존이시여. 바라건대 즐겁게 듣고자 하나이다.”

제3, 대승의 바른 종지[大乘正宗分]

부처님께서 수보리에게 말씀하셨습니다.

“모든 보살마하살은 반드시 이와 같이 그 마음을 항복 받을지니라.

보살은 온갖 중생들의 종류인, 알에서 태어나는 것·태에서 태어나는 것·습기에서 생기는 것·변화하여 생기는 것·형상이 있는 것·형상이 없는 것·생각이 있는 것·생각 없는 것·생각이 있지도 않고 생각이 없지도 않은 것들을 모두 무여열반(無餘涅槃)에 들게 하여 제도(濟度)하느니라.

이와 같이 한량없고, 헤아릴 수 없고, 가없는 중생들을 제도하지만 실은 제도를 얻은 중생은 없느니라. 왜냐하면 수보리야, 만약 보살이 ‘나’라는 상(相)·‘남’이라는 상·‘중생’이라는 상·‘수명’에 대한 상이 있으면 곧 보살이 아니기 때문이니라.”

제4, 아름다운 행위는 머물지 않는다[妙行無住分]

“또 수보리야, 보살은 반드시 어떤 것에도 머물지 말고 보시(布施)를 해야 하나니, 이를테면 사물에 머물지 말고 보시할 것이며, 소리와 향기와 맛과 감촉과 그 외의 온갖 것에 머물지 말고 보시해야 하느니라.

수보리야, 보살은 반드시 이와 같이 보시하여 형상에 머물지 말라. 왜냐하면 만약 보살이 형상에 머물지 않고 보시하면 그 복덕은 가히 상상할 수 없느니라.”

“수보리야, 그대는 어떻게 생각하는가? 동쪽 허공을 모두 상상할 수 있는가?”

“상상할 수 없습니다, 세존이시여.”

“수보리야, 남쪽·서쪽·북쪽과 네 간방과 위쪽과 아래쪽의 허공을 모두 상상할 수 있는가?”

“상상할 수 없습니다, 세존이시여.”

“수보리야, 보살이 형상에 머물지 않고 보시하는 복덕(福德)도 또한 이와 같아서 가히 상상할 수 없느니라.

수보리야, 보살은 반드시 가르친 바와 같이 머물지니라.”

제5, 그러한 이치를 사실대로 보다[如理實見分]

“수보리야, 그대는 어떻게 생각하는가? 육신으로써 여래(如來)를 볼 수 있겠는가?”

“아닙니다, 세존이시여. 육신으로써는 여래를 볼 수 없습니다. 왜냐하면 여래께서 육신이라고 말씀하신 것은 곧 육신이 아닙니다.”

부처님께서 수보리에게 말씀하셨습니다.

“무릇 형상이 있는 것은

모두 다 허망하나니

만약 모든 형상을 형상이 아닌 것으로 보면

곧 여래를 보느니라.

〔凡所有相　皆是虛妄　若見諸相非相　卽見如來〕”

제6, 바른 믿음은 희유하다[正信希有分]

수보리가 부처님께 사뢰었습니다.

“세존이시여, 어떤 중생이 이와 같은 말씀을 듣거나, 글귀를 보고 진실한 믿음을 낼 수 있겠습니까.”

부처님께서 수보리에게 말씀하셨습니다.

"그런 말을 하지 말라. 여래가 열반한 뒤, 최후의 오백년경에도 계(戒)를 받아 지니고 복(福)을 닦는 사람들이 있으리라. 그들은 이러한 글귀에 신심을 내고, 이러한 이치로써 진실을 삼으리라.

반드시 알아야 한다. 이러한 사람들은 한 부처님이나, 두 부처님이나, 셋·넷·다섯 부처님에게만 선근(善根)을 심은 것이 아니다. 이미 한량없는 천만 부처님의 처소에서 여러 가지 선근을 심은 사람들이다. 그래서 이러한 글귀를 보고 한 생각이나마 청정(淸淨)한 믿음을 내느니라.

수보리야, 여래는 이 모든 중생들이 이와 같이 한량없는 복덕을 얻으리라는 것을 다 알고 다 보느니라. 왜냐하면 이 모든 중생들은 더이상 나라는 상(相)이나, 남이라는 상이나, 중생이라는 상이나, 수명에 대한 상이 없느니라. 그리고 옳은 법(法)이라는 상도 없고 그른 법〔非法〕이라는 상도 없기 때문이니라.

왜냐하면, 이 모든 중생들이 만약 마음에 어떤 상을 취하면, 곧 나와 남과 중생과 수명에 집착하게 되기 때문이니라. 왜냐하면 만약 옳은 법이라는 상을 취하여도 곧 나와 남과 중생과 수명에 집착하게 되며, 만약 그른 법이라는 상을 취하여도 나와 남과 중생과 수명에 집착하게 되기 때문이니라. 그러므로 반드시 옳은 법을 취하지도 말고, 반드시 그른 법을 취하지도 말라.

이러한 이치에 근거한 까닭에 여래는 늘 말하기를, '그대 비구들은 나의 설법을 뗏목의 비유처럼 알라.' 라고 하였노라. 옳은 법(法)도 오히려 반드시 버려야 하거늘, 하물며 그른 법〔非法〕이겠는가?"

제7, 얻음도 없고 설함도 없다〔無得無說分〕

"수보리야, 그대는 어떻게 생각하는가? 여래가 최상의 깨달음을 얻었는가? 또 여래가 설법(說法)한 바가 있는가?"

수보리가 사뢰었습니다.

"제가 부처님께서 말씀하신 뜻을 이해하기에는 고정된 그 무엇으로써 최상의 깨달음이라고 할 것은 없습니다. 또한 고정된 그 무엇으로써 여래께서 설법하신 것은 없습니다.

왜냐하면 여래의 설법은 모두가 취할 수가 없으며, 말 할 수도 없으며, 옳은 법이 아니며, 그른 법도 아닙니다. 왜냐하면 일체 성현(聖賢)들은 모두가 조작이 없고 꾸밈이 없는[無爲] 법으로써 온갖 차별을 꾸며서 펼쳐 보였기 때문입니다."

제 8, 법에 의하여 출생하다[依法出生分]

"수보리야, 그대는 어떻게 생각하는가? 만약 어떤 사람이 삼천 대천세계에 가득한 금·은·보화를 가지고 널리 보시하였다면, 이 사람이 얻는 복덕이 얼마나 많겠는가?"

수보리가 사뢰었습니다.

"아주 많습니다, 세존이시여. 왜냐하면 이 복덕은 곧 복덕성(性)이 아닙니다. 그러므로 여래께서 복덕이 많다고 말씀하신 것입니다."

"만약 어떤 사람이 이 경 가운데서 네 글귀만이라도 받아 지녀서 남을 위해 말해 주었다면, 그 복덕이 앞의 복덕보다 훨씬 뛰어나리라. 왜냐하면 수보리야, 모든 부처님과 모든 부처님의 최상의 깨달음의 도리는 다 이 경전(經典)으로부터 나왔기 때문이니라.

수보리야, 이른바 불법(佛法)이란 곧 불법이 아니니라."

제9, 하나의 상도 상이 없다[一相無相分]

"수보리야, 그대는 어떻게 생각하는가? 수다원이 생각하기를 '나는 수다원의 과위(果位)를 얻었노라.' 하겠는가?"

수보리가 사뢰었습니다.

"아닙니다, 세존이시여. 왜냐하면 수다원은 '성인의 유(流)에 들다.' 라고 이름하지만 실은 어디에 들어가는 것이 아닙니다. 사물이나 소리나 향기나 맛이나 감촉이나 그 외의 무엇에도 들어가는 것이 아닙니다. 그 이름이 수다원일 뿐이기 때문입니다.”

“수보리야, 그대는 어떻게 생각하는가? 사다함이 생각하기를 ‘나는 사다함의 과위를 얻었노라.’ 하겠는가?”

수보리가 사뢰었습니다.

“아닙니다, 세존이시여. 왜냐하면 사다함은 이름이 ‘한 번 갔다 온다’는 말이지만, 실은 가고 옴이 없습니다. 그 이름이 사다함일 뿐이기 때문입니다.”

“수보리야, 그대는 어떻게 생각하는가? 아나함이 생각하기를 ‘나는 아나함의 과위를 얻었노라’ 하겠는가?”

수보리가 사뢰었습니다.

“아닙니다, 세존이시여. 왜냐하면 아나함은 이름이 ‘오지 않는다’는 말이지만 실은 오지 않는다는 것이 없습니다. 그러므로 이름이 아나함일 뿐이기 때문입니다.”

“수보리야, 그대는 어떻게 생각하는가? 아라한이 생각하기를 ‘내가 아라한의 도(道)를 얻었노라.’ 하겠는가?”

수보리가 사뢰었습니다.

“아닙니다, 세존이시여. 왜냐하면 실로 어떤 고정된 것이 있어서 이름을 아라한이라고 한 것이 아닙니다.

세존이시여, 만약 아라한이 생각하기를 ‘나는 아라한의 도를 얻었노라.’ 라고 하면 이는 곧 나와 남과 중생과 수명에 집착한 것이 되기 때문입니다.

세존이시여, 부처님께서 저를 ‘다툼이 없는 삼매를 얻은 사람 가운데서 제일이다.’고 말씀하셨습니다. 이는 욕심을 떠난 제일가는 아라한입니다. 그러나 저는 ‘나는 욕심을 떠난 아라한이다.’ 라는 생각을 하지 않습니다.

세존이시여, 제가 만약 ‘나는 아라한의 도를 얻었다.’ 라고 생각한다면, 세존

께서는 곧 수보리에게 '고요한 행(行)을 좋아하는 사람이다.' 라고 말씀하시지
않았을 것입니다. 수보리는 실로 고요한 행을 한 바가 없습니다. 그냥 부르기
를 '수보리는 고요한 행을 좋아하는 사람이다.' 라고 할 뿐입니다."

제10, 세상을 장엄하다[莊嚴淨土分]

부처님께서 수보리에게 말씀하셨습니다.

"수보리야, 그대는 어떻게 생각하는가? 여래가 옛적에 연등(燃燈)부처님 처
소에서 법(法)에 대하여 무엇을 얻은 것이 있는가?"

"아닙니다, 세존이시여. 여래께서는 연등부처님 처소에 계실 적에 법에 대
하여 실로 얻은 것이 없습니다."

"수보리야, 그대는 어떻게 생각하는가? 보살이 세상을 장엄(莊嚴)하는가?"

"아닙니다, 세존이시여. 왜냐하면 보살이 세상을 장엄한다는 것은 곧 장엄
이 아니며, 그 이름이 장엄일 뿐이기 때문입니다."

"그러므로 수보리야, 모든 보살마하살은 반드시 이와 같이 텅 빈[淸淨] 마
음을 낼지니라. 반드시 사물에 머물지 말고 마음을 낼 것이며, 반드시 소리와
냄새와 맛과 감촉과 그 외의 어떤 것에도 머물지 말고 마음을 낼지니라. 그래
서 마땅히 머무는 바 없이 그 마음을 낼지니라.[應無所住 而生其心]

수보리야, 비유하자면 마치 어떤 사람의 몸이 수미산만하다면 그대는 어떻
게 생각하는가? 그 몸을 크다고 하겠는가?"

수보리가 사뢰었습니다.

"아주 큽니다, 세존이시여. 왜냐하면 부처님께서 말씀하신 것은 몸이 아니
며, 그 이름이 큰 몸일 뿐이기 때문입니다."

제11, 무위의 복이 수승하다[無爲福勝分]

"수보리야, 저 항하강에 있는 모래 수처럼 그렇게 많은 항하강이 있다면 그

대의 생각은 어떤가? 그 모든 항하강에 있는 모래의 수는 얼마나 많겠는가?”

수보리가 사뢰었습니다.

“아주 많습니다, 세존이시여. 단지 저 모든 항하강의 수만 하여도 무수히 많은데 하물며 그 가운데 있는 모래의 수이겠습니까.”

“수보리야, 내가 이제 진실한 말로 그대에게 이르리라. 만약 어떤 선남자·선여인이 저 항하강의 모래 수처럼 많은 삼천 대천세계에 가득한 금·은·보화를 가지고 널리 보시하였다면 그가 얻은 복이 얼마나 많겠는가?”

수보리가 사뢰었습니다.

“매우 많습니다, 세존이시여.”

부처님께서 수보리에게 말씀하셨습니다.

“만약 선남자·선여인이 이 경전 가운데서 네 글귀만이라도 받아 지녀서 남을 위하여 설명하여 준다면 이 일의 복덕은 앞의 복덕보다 훨씬 뛰어나리라.”

제12, 올바른 가르침을 존중하다[尊重正教分]

“또 수보리야, 이 경을 해설하되 단지 네 글귀만 하더라도 반드시 알라, 이곳에는 일체세간의 천신(天神)과 사람과 아수라가 다 마땅히 부처님의 탑(塔)에 공양하는 것과 같이 해야한다. 하물며 어떤 사람이 이 경을 모두 다 받아 지니고 읽고 외우는 일이겠는가?

수보리야, 반드시 알라. 이 사람은 가장 높고 제일 가는 희유한 법을 성취한 것이다. 만약 이 경전이 있는 곳이라면 부처님과 훌륭한 제자들이 함께 계시는 것이 되느니라.”

제13, 여법하게 받아 지니다[如法受持分]

그 때에 수보리가 부처님께 사뢰었습니다.

“세존이시여, 이 경의 이름을 무엇이라 해야합니까? 그리고 저희들이 어떻게 받들어 가져야 합니까?"

부처님께서 수보리에게 말씀하셨습니다.

"이 경의 이름은 '금강반야바라밀(金剛般若波羅密)'이다. 그대들은 반드시 이러한 이름으로 받들어 가지도록 하라.

왜냐하면 수보리야, 여래가 말한 반야바라밀이란 곧 반야바라밀이 아니고 그 이름이 반야바라밀일 뿐이기 때문이니라.

수보리야, 그대는 어떻게 생각하는가? 여래가 설법한 바가 있는가?"

수보리가 부처님께 사뢰었습니다.

"세존이시여, 여래께서는 설법하신 바가 없습니다."

"수보리야, 그대는 어떻게 생각는가? 삼천 대천세계에 있는 모든 먼지의 수를 많다고 하겠는가?"

수보리가 사뢰었습니다.

"아주 많습니다, 세존이시여."

"수보리야, 이 모든 먼지를 여래는 말하기를 '먼지가 아니고 그 이름이 먼지일 뿐이다.'고 하며, 여래가 말하는 세계도 또한 세계가 아니고 그 이름이 세계일 뿐이니라."

"수보리야, 어떻게 생각하는가? 서른 두 가지의 거룩한 상호로써 여래라고 볼 수 있겠는가?"

"아닙니다, 세존이시여. 서른 두 가지의 거룩한 상호로써는 여래라고 볼 수 없습니다. 왜냐하면 여래께서 말씀하신 서른 두 가지의 거룩한 상호는 곧 상호가 아니고 그 이름이 서른 두 가지의 거룩한 상호일 뿐이기 때문입니다."

"수보리야, 만약 어떤 선남자·선여인이 항하강의 모래 수와 같은 수많은 목숨을 바쳐 널리 보시한 사람이 있고, 또 어떤 사람은 이 경전 가운데서 네 글귀만이라도 받아 가지고 남을 위하여 설명해 주었다면 그 복이 훨씬 많으니라."

제14, 상을 떠난 적멸[離相寂滅分]

그 때에 수보리가 이 경을 설하심을 듣고, 그 뜻을 깊이 깨달아 알고는 눈물을 흘리고 슬피 울면서 부처님께 사뢰었습니다.

"참으로 희유합니다, 세존이시여. 부처님께서 설하신 이와 같이 깊고 깊은 경전은, 제가 옛날부터 지금까지 닦아 얻은 지혜의 눈으로써는 일찍이 이와 같은 가르치심은 듣지 못하였습니다. 세존이시여, 만약 이 다음에 또 어떤 사람이 이 경전을 얻어들으면 신심이 청정하여져서 곧 실상(實相)이 생길 것입니다. 그리고 이 사람은 제일가는 희유한 공덕을 성취한 사실을 반드시 알아야 할 것입니다.

세존이시여, 이 실상이란 것은 곧 실상이 아닙니다. 그러므로 여래께서 말씀하시기를 '이름이 실상이다.' 라고 하셨습니다.

세존이시여, 제가 이와 같은 경전을 얻어 듣고, 믿고 이해하여 받아 가지는 것은 그리 어렵지 않으나, 만약 앞으로 최후의 오백년경에 그 어떤 중생이 이 경전을 얻어 듣고 믿고 이해하여 받아 가진다면, 그 사람이야말로 참으로 제일 희유한 사람이 될 것입니다. 왜냐하면 그 사람은 나라는 상도 없고, 남이라는 상도 없고, 중생이라는 상도 없고, 수명에 대한 상도 없기 때문입니다. 왜냐하면 나라는 상도 곧 상이 아니며, 남이라는 상과 중생이라는 상과 수명에 대한 상도 곧 상이 아니기 때문입니다. 왜냐하면 일체의 상을 떠난 사람이 곧 부처님이기 때문입니다.〔離一切相　即名諸佛〕"

부처님께서 수보리에게 말씀하셨습니다.

"참으로 옳은 말이다. 만약 또 어떤 사람이 이 경을 듣고 놀라지도 않고, 겁내지도 않으며, 두려워하지도 않는다면, 반드시 알라. 이 사람도 대단히 희유한 사람이니라. 왜냐하면 수보리야, 여래가 말한 제일바라밀(第一波羅蜜)이란 곧 제일바라밀이 아니고 그 이름이 제일바라밀일 뿐이기 때문이니라.

수보리야, 인욕(忍辱)바라밀도 여래는 말하기를 '인욕바라밀이 아니고 그 이름이 인욕바라밀이다.' 라고 한다. 왜냐하면 수보리야, 내가 옛날 가리왕에게 몸을 베이고 찢길 적에, 내가 그 때에 나라는 상이 없었으며, 남이라는 상도 없었으며, 중생이라는 상도 없었으며, 수명에 대한 상도 없었노라. 왜냐하면 수보리야, 내가 옛날 팔과 다리가 마디마디 찢어지고 무너질 때에 그때에 만약 나에게 나라는 상이나 남이라는 상이나 중생이라는 상이나 수명에 대한 상이 있었더라면, 반드시 분노의 불을 뿜고 원한을 품었으리라.

수보리야, 또 기억해보니 여래가 과거에 오백 생(生)동안 인욕선인(忍辱仙人)이 되었을 때가 있었노라. 그 세상에서도 나라는 상이 없었으며, 남이라는 상도 없었으며, 중생이라는 상도 없었으며, 수명에 대한 상도 없었느니라.

그러므로 수보리야, 보살은 반드시 일체의 상을 떠나서 최상의 깨달음에 대한 마음을 일으키도록 하라. 반드시 사물에 머물지 말고 마음을 내야하며, 반드시 소리나 향기나 맛이나 감촉이나 그 외의 어떤 것에도 머물지 말고 마음을 내야한다. 반드시 머무는 바 없는 마음을 내야한다. 만약 마음이 머무는 데가 있으면 곧 잘못 머무는 것이 된다. 그러므로 여래는 말하기를 '보살은 마음이 반드시 어떤 것에도 머물지 말고 보시를 하라.' 고 하느니라.

수보리야, 보살은 일체중생들의 이익을 위하여 반드시 이와 같이 보시를 해야 하느니라. 여래가 말한 일체의 모든 상은 곧 상이 아니며, 또 일체중생도 곧 중생이 아니니라.

수보리야, 여래는 참다운 말만 하는 사람이며, 사실만을 말하는 사람이며, 진리의 말만 하는 사람이며, 거짓말은 하지 않는 사람이며, 사실과 다른 말은 하지 않는 사람이다.

수보리야, 여래가 얻은 법은 실다움도 없고 헛됨도 없다.〔如來所得法 無實無虛〕

수보리야, 만약 보살이 마음을 온갖 것에 머물러 보시하는 것은, 마치 사람이 어두운 곳에 들어가서 아무 것도 볼 수 없는 것과 같다. 만약 보살이 마음을 온갖 것에 머물지 않고 보시하는 것은 마치 사람에게 밝은 눈도 있고 햇빛도 밝게 비칠 적에 갖가지의 온갖 사물들을 분별하여 볼 수 있는 것과 같다.

수보리야, 다음 세상에서 만약 어떤 선남자·선여인이 능히 이 경을 받아 지니고 읽고 외우면, 곧 여래는 부처의 지혜로써 이 사람에 대하여 다 알며, 이 사람을 다 본다. 이 사람은 한량없고 가없는 공덕을 남김없이 성취하리라.”

제15. 경을 지니는 공덕 [持經功德分]

“수보리야, 만약 어떤 선남자·선녀인이 오전에 항하강의 모래 수와 같은 많은 몸으로 보시하고, 낮에 또 항하강의 모래 수와 같은 많은 몸으로 보시하며, 저녁때에 또한 항하강의 모래 수와 같은 많은 몸으로 보시해서, 이렇게 하기를 한량없는 백·천·만·억겁 동안 몸으로써 보시하더라도, 만약 다시 어떤 사람이 이 경전을 듣고 믿는 마음이 거슬리지 아니하면, 그 복은 앞의 복보다 훨씬 뛰어나느니라. 그런데 하물며 이 경전을 쓰고 출판하며, 받아 지니고 읽고 외워서, 널리 여러 사람들에게 해설하여 주는 일은 어떠하겠는가?

수보리야, 요점만을 말한다면, 이 경은 상상할 수도 없고, 설명할 수도 없고, 끝도 없는 공덕이 있느니라. 여래가 대승(大乘)의 마음을 낸 사람들을 위하여 이 경을 설하며, 최상승(最上乘)의 마음을 낸 사람들을 위하여 이 경을 설하느니라.

만약 어떤 사람이 이 경을 받아 지니고, 읽고 외우며, 널리 많은 사람들을 위하여 설명한다면, 여래는 이 사람이 헤아릴 수 없고, 일컬을 수 없고, 끝도 없고, 상상할 수도 없는 공덕을 성취하였음을 모두 알고 모두 보노라. 이러한 사람들은 곧 여래의 최상의 깨달음을 온 몸으로 짊어진 것이 된다.

왜냐하면 수보리야, 만약 작은 법을 좋아하는 사람은 나라는 소견·남이라는 소견·중생이라는 소견·수명에 대한 소견에 집착하여 곧 이 경전을 듣고, 받아 들이거나 읽고 외우지 못하며, 다른 사람들을 위하여 설명하여 주지도 못할 것이기 때문이니라.

수보리야, 어떤 곳이든 만약 이 경전만 있으면 일체 세간의 천신들과 사람들과 아수라가 반드시 공양하여야 한다. 마땅히 알라. 이곳은 곧 부처님의 탑을 모신 곳이 된다. 모두들 반드시 공경하고 예배를 드리며, 주위를 돌면서 여러 가지 꽃과 향으로 그곳을 장엄하여야 하느니라."

제16, 업장을 깨끗이 맑히다[能淨業障分]

"또 수보리야, 선남자·선여인이 이 경전을 받아 지니고 읽고 외우는데도, 만약 남에게 업신여김을 당한다면, 이 사람은 전생(前生)의 죄업으로 반드시 지옥이나 아귀나 축생에 떨어질 것이지만, 금생(今生)에 남에게 업신여김을 당함으로써 전생의 죄업이 곧 바로 소멸하고 반드시 최상의 깨달음을 얻게 되느니라.

수보리야, 내가 기억해보니 과거 한량없는 아승지겁 전 연등(燃燈)부처님 이전에 팔백 사천 만 억 나유타의 부처님을 만나 뵙고, 한 분도 빠짐없이 모두 다 공양을 올리고, 받들어 섬겼느니라.

만약 다시 또 어떤 사람이 앞으로 오는 말세(末世)에 이 경전을 받아 지니고 읽고 외운다면, 그가 얻은 공덕은 내가 저 많은 부처님께 공양한 공덕으로는 백 분의 일에도 미치지 못한다. 천·만·억 분의 일에도 미치지 못하며, 어떤 산수와 비유로도 능히 미치지 못하느니라.

수보리야, 만약 선남자·선여인이 이 다음 말세에 이 경전을 받아 지니고 읽고 외우는 이가 있으면, 그가 얻는 공덕을 내가 만약 다 갖추어 말한다면, 어떤 사람은 그 말을 듣고 마음이 곧 미치고 어지러워져서 의심하며 믿지 아니할 것이다.

수보리야, 반드시 알라. 이 경의 이치는 상상할 수가 없으며, 그 과보(果報)도 역시 상상할 수가 없느니라."

제17, 철저히 아(我)가 없다[究竟無我分]

그 때 수보리가 부처님께 사뢰었습니다.

"세존이시여, 선남자·선여인이 최상의 깨달음에 대한 마음을 일으킨 이는 어떻게 머물며 그 마음을 어떻게 항복 받아야 합니까?"

부처님께서 수보리에게 말씀하셨습니다.

"만약 선남자·선여인이 최상의 깨달음에 대한 마음을 일으킨 이는 반드시 이와 같은 마음을 내어야 한다. '나는 반드시 일체 중생들을 다 제도하노라. 그리고 일체 중생들을 다 제도하였으나 한 중생도 실은 제도한 것이 없노라.' 라고 하라.

왜냐하면 수보리야, 만약 보살이 나라는 상과 남이라는 상과 중생이라는 상과 수명에 대한 상이 있으면 곧 보살이 아니기 때문이니라. 왜냐하면 수보리야, 실로 어떤 고정된 법이 있어서 최상의 깨달음에 대한 마음을 낸 것이 아니기 때문이니라."

"수보리야, 그대는 어떻게 생각하는가? 여래가 연등부처님의 처소에서 어떤 고정된 법이 있어서 최상의 깨달음을 얻었는가?"

"아닙니다. 세존이시여, 제가 부처님께서 말씀하신 뜻을 이해하기에는 부처님께서 연등부처님의 처소에서 어떤 고정된 법이 있어서 최상의 깨달음을 얻은 것이 아닙니다."

부처님께서 말씀하셨습니다.

"사실 그러하니라, 수보리야. 실로 어떤 고정된 법이 있어서 여래가 최상의 깨달음을 얻은 것이 아니다. 수보리야, 만약 어떤 고정된 법이 있어서 여래가 최상의 깨달음을 얻은 것이라면, 연등부처님께서는 결코 나에게 '그대는 다음 세상에 반드시 부처를 이루고 이름을 〈석가모니〉라고 하리라.' 라는 수기(授記)를 주시지 않으셨을 것이다. 실로 어떤 고정된 법이 있어서 최상의 깨달음을 얻은 것이 아니다. 그래서 연등부처님께서는 나에게 수기를 주시며 말씀하시기를 ‘그대는 이 다음 세상에 반드시 부처를 이루리니 그 이름을 〈석가모니〉라고 하리라.’ 라고 하셨느니라.

왜냐하면 여래(如來)라고 하는 것은 모든 법이 여여(如如)하다는 뜻이기 때문이니라. 그러므로 만약 어떤 사람이 ‘여래는 최상의 깨달음을 얻었다.’ 라고 말하더라도 수보리야, 실로 고정된 법이 있어서 부처님이 최상의 깨달음을 얻은 것이 아니다.

수보리야, 여래가 얻은 최상의 깨달음은 여기에 실다움도 없고 헛됨도 없느니라.〔無實無虛〕 그러므로 여래가 말하기를 ‘일체법이 모두 다 불법(佛法)이다.〔一切法 皆是佛法〕’ 라고 하느니라.

수보리야, 이른바 일체법이라는 것은 곧 일체법이 아니다. 그러므로 그 이름이 일체법이니라.

수보리야, 비유하자면 사람의 몸이 아주 큰 것과 같으니라.”

수보리가 사뢰었습니다.

“세존이시여, 여래께서 말씀하신 사람의 몸이 아주 크다는 것도 곧 큰 몸이 아니고 그 이름이 큰 몸일 뿐입니다.”

“수보리야, 보살도 또한 이와 같아야 하나니, 만약 ‘나는 한량없이 많은 중생들을 제도하노라.’ 고 말한다면 이는 곧 보살이라고 이름할 수 없느니라. 왜냐하면, 수보리야, 실로 어떤 고정된 법이 있어서 이를 보살이라고 이름하는 것이 아니기 때문이니라. 그러므로 여래는 말하기를 ‘일체법이 나도 없고, 남도 없고, 중생도 없고, 수명도 없다.’ 고 하느니라.

수보리야, 만약 보살이 말하기를 ‘나는 반드시 세상을 장엄하노라.’ 라고 한다면 이는 보살이라고 이름할 수 없느니라. 왜냐하면, 여래가 말하는 세상을 장엄한다는 것은 곧 장엄이 아니고, 그 이름이 장엄일 뿐이기 때문이니라.

수보리야, 만약 보살이 무아(無我)의 이치를 통달하였다면, 여래는 이 사람을 ‘진정한 보살’ 이라고 이름하나니라.”

제18, 한 몸으로 동일하게 보다 [一體同觀分]

"수보리야, 그대는 어떻게 생각하는가? 여래가 육안(肉眼)이 있는가?"

"그렇습니다, 세존이시여. 여래께서 육안이 있으십니다."

"수보리야, 그대는 어떻게 생각하는가? 여래가 천안(天眼)이 있는가?"

"그렇습니다, 세존이시여. 여래께서 천안이 있으십니다."

"수보리야, 그대는 어떻게 생각하는가? 여래가 혜안(慧眼)이 있는가?"

"그렇습니다, 세존이시여. 여래께서 혜안이 있으십니다."

"수보리야, 그대는 어떻게 생각하는가? 여래가 법안(法眼)이 있는가?"

"그렇습니다, 세존이시여. 여래께서 법안이 있으십니다."

"수보리야, 그대는 어떻게 생각하는가? 여래가 불안(佛眼)이 있는가?"

"그렇습니다, 세존이시여. 여래께서 불안이 있으십니다."

"수보리야, 그대는 어떻게 생각하는가? 저 항하강에 있는 모래에 대해서 여래가 말한 적이 있는가?"

"그렇습니다, 세존이시여. 여래께서는 그 모래에 대해서 말씀하셨습니다."

"수보리야, 그대는 어떻게 생각하는가? 예컨대 저 하나의 항하강에 있는 모래들, 그 모래 수와 같이 많은 항하강이 또 있고, 그 모든 항하강의 전체 모래 수와 같은 세계가 있을 경우, 이러한 것을 참으로 많다고 하겠는가?"

"대단히 많습니다, 세존이시여."

부처님께서 수보리에게 말씀하셨습니다.

"그처럼 많은 세계 가운데 있는 모든 중생들의 갖가지 마음들을 여래는 모두 다 아느니라. 왜냐하면 여래가 말하는 모든 마음은 다 마음이 아니라 그 이름이 마음일 뿐이기 때문이니라.

왜냐하면 수보리야, 과거의 마음도 찾을 수 없고, 현재의 마음도 찾을 수 없고, 미래의 마음도 찾을 수 없기 때문이니라.〔過去心不可得 現在心不可得 未來心不可得〕"

제19, 법계를 두루 교화하다[法界通化分]

"수보리야, 그대는 어떻게 생각하는가? 만약 어떤 사람이 삼천 대천세계에 가득한 금·은·보화를 가지고 널리 보시한다면 이 사람이 이 인연으로 얻는 복이 많겠는가?"

"그렇습니다, 세존이시여. 이 사람은 이 인연으로 얻은 복이 매우 많습니다."

"수보리야, 만약 복덕이 그 실체가 있는 것이라면 여래가 '복덕을 얻는 것이 많다'고 말하지 않을 것이다. 복덕이 본래 없으므로 여래가 '복덕을 얻는 것이 많다'고 말하느니라."

제20, 사물도 떠나고 형상도 떠나다[離色離相分]

"수보리야, 그대는 어떻게 생각하는가? 잘 갖춰진 육신의 모습으로써 부처님이라고 볼 수 있겠는가?"

"아닙니다, 세존이시여. 잘 갖춰진 육신의 모습으로써 반드시 여래라고 볼 수는 없습니다. 왜냐하면 여래께서 말씀하신 잘 갖춰진 육신의 모습은 곧 잘 갖춰진 육신의 모습이 아닙니다. 그 이름이 잘 갖춰진 육신의 모습일 뿐이기 때문입니다."

"수보리야, 그대는 어떻게 생각하는가? 여러 가지 상호를 잘 갖추고 있는 것으로써 여래라고 볼 수 있겠는가?"

"아닙니다, 세존이시여. 여러 가지 상호를 잘 갖추고 있는 것으로써 반드시 여래라고 볼 수는 없습니다. 왜냐하면 여래께서 말씀하신 여러 가지 상호를 잘 갖추고 있다는 것은, 곧 여러 가지 상호를 잘 갖추고 있는 것이 아닙니다. 그 이름이 여러 가지 상호를 잘 갖추고 있는 것일 뿐이기 때문입니다."

제21, 말과 말할 것이 없다 [非說所說分]

"수보리야, 그대는 이러한 말을 하지 말라. '여래는 스스로 〈나는 반드시 설법한 것이 있다〉라고 생각할 것이다.' 라고 하지 말라. 그런 생각도 하지 말라. 왜냐하면 만약 어떤 사람이 말하기를 '여래는 설법한 것이 있다.' 라고 한다면, 이것은 곧 부처님을 비방하는 것이 되며, 내가 말한 것을 전혀 이해하지 못하는 것이 되기 때문이다.

수보리야, 설법이라고 하는 것은 설할 수 있는 법이 없다. 그 이름이 설법일 뿐이니라."

그때 지혜를 생명으로 삼는 수보리가 부처님께 사뢰었습니다.

"세존이시여, 매우 많은 중생들이 이 다음 세상에 이러한 도리를 설명하는 것을 들으면 믿는 마음이 나겠습니까?"

부처님께서 말씀하셨습니다.

"수보리야, 그들은 중생이 아니며 중생이 아님도 아니다. 왜냐하면 수보리야 중생, 중생하는 것도 여래는 말하기를 '중생이 아니라 그 이름이 중생일 뿐이다.' 라고 하기 때문이니라."

제22, 법은 얻을 수 없다 [無法可得分]

수보리가 부처님께 사뢰었습니다.

"세존이시여, 부처님께서 최상의 깨달음을 얻으신 것은, 얻은 바가 없음이 됩니까?"

부처님께서 말씀하셨습니다.

"사실 그러하니라, 수보리야. 나의 최상의 깨달음에 대해서는 아주 작은 어떤 것도 얻은 바가 없다. 다만 그 이름이 최상의 깨달음일 뿐이니라."

제23, 텅 빈 마음으로 선행을 하다〔淨心行善分〕

"또 수보리야, 이 도리는 평등해서 높고 낮음이 없다.〔是法平等 無有高下〕
이것의 이름이 최상의 깨달음이다. 나도 없고, 남도 없고, 중생도 없고, 수명도
없는 경지에서 여러 가지 선법(善法)을 닦으면 곧 최상의 깨달음을 얻으리라.
수보리야, 이른바 선법이란 것은 여래가 말하기를 '곧 선법이 아니고 그 이름
이 선법이다.' 라고 하니라."

제24, 복과 지혜는 비교할 수 없다〔福智無比分〕

"수보리야, 예컨대 삼천 대천세계에 있는 산 중에서 제일 큰 산인 수미산만
한 금·은·보화의 무더기를 가지고 만약 어떤 사람이 널리 보시하였다 하자,
그리고 또 다른 어떤 사람은 이 반야바라밀경에서 네 글귀의 게송만이라도 받
아 가지고, 읽고 외우고, 남을 위해 해설하여 준다면, 앞의 금·은·보화로써 보
시한 복덕으로는 백분의 일에도 미치지 못하며, 백천·만·억 분의 일에도 미치
지 못하며, 어떤 산수와 비유로도 미치지 못하느니라."

제25, 교화하되 교화하는 바가 없다〔化無所化分〕

"수보리야, 그대는 어떻게 생각하는가? 그대들은 여래가 '나는 반드시 중생
들을 제도한다.' 라고 생각하리라는 말을 하지 말라. 수보리야, 그런 것은 생각
도 하지 말라. 왜냐하면 실은 중생이 있어서 여래가 제도하는 것은 아니기 때
문이다. 만약 중생이 있어서 여래가 제도한다면, 여래는 곧 나와 남과 중생과
수명이 있게 되는 것이다.

수보리야, 여래가 말하는 '내가 있다' 고 하는 것은 곧 내가 있는 것이 아닌
데 범부들이 내가 있다고 여기기 때문이니라.

수보리야, 범부라는 것도 여래가 말하기를 '범부가 아니다. 그 이름이 범부
일 뿐이다.' 라고 하였느니라."

제26, 법신은 형상이 아니다 [法身非相分]

"수보리야, 그대는 어떻게 생각하는가? 서른 두 가지의 남다른 모습으로써 여래라고 미루어 볼 수 있겠는가?"

수보리가 사뢰었습니다.

"예 그렇습니다. 서른 두 가지의 남다른 모습으로써 여래라고 미루어 볼 수 는 있습니다."

부처님께서 말씀하셨습니다.

"만약 서른 두 가지의 남다른 모습으로써 여래라고 미루어 볼 수 있다면 전륜성왕(轉輪聖王)도 곧 여래라 하겠구나?"

수보리가 부처님께 사뢰었습니다.

"세존이시여, 제가 부처님께서 말씀하신 뜻을 이해하기에는 반드시 서른 두 가지의 남다른 모습으로써 여래라고 미루어 볼 수 없겠습니다."

그 때 세존께서 게송으로 말씀하셨습니다.

"만약 육신으로써 나를 보려 하거나, 음성으로써 나를 찾으려면 이 사람은 잘못된 길을 가는 것이다. 결코 여래는 볼 수 없으리라.〔若以色見我 以音聲求我 是人行邪道 不能見如來〕"

제27, 아주 없는 것이 아니다 [無斷無滅分]

"수보리야, 그대가 혹 생각하기를 '여래는 잘 갖춰진 상호를 마음에 두지 않았기 때문에 최상의 깨달음을 얻었다.' 라고 하지 않는가? 수보리야, 그러한 생각을 하지 말라. '여래는 잘 갖춰진 상호를 마음에 두지 않았기 때문에 최상의 깨달음을 얻었다.' 라고 하지 말라."

"수보리야, 그대가 만약 생각하기를, '최상의 깨달음에 대한 마음을 일으킨 사람은 모든 것이 아주 없다고 말한다.' 라고 하는가? 그런 생각을 하지 말라. 왜냐하면 최상의 깨달음에 대한 마음을 일으킨 사람은 모든 것이 아주 없다고 말하지 않기 때문이니라."

제28, 누리지도 않고 탐하지도 않는다[不受不貪分]

"수보리야, 만약 어떤 보살이 항하강의 모래 수와 같이 많은 세계에 가득 찬 금·은·보화로써 널리 보시한 이가 있고, 또 어떤 사람은 모든 존재의 무아(無我)의 도리를 알아서 그 숨은 이치를 깨달으면 이 보살이 얻은 공덕은 앞의 보살이 얻은 공덕보다 훨씬 뛰어나리라. 왜냐하면 수보리야, 모든 보살들은 복덕을 누리지 않기 때문이니라."

수보리가 부처님께 사뢰었습니다.

"세존이시여, 어찌하여 보살이 복덕을 누리지 않습니까?"

"수보리야, 보살은 자신이 지은 복덕을 반드시 탐하거나 집착하지 않기 때문이다. 그러므로 '복덕을 누리지 않는다.'라고 말하느니라."

제29, 위의가 조용하다[威儀寂靜分]

"수보리야, 만약 어떤 사람이 말하기를 '여래가 혹 온다거나, 간다거나, 앉는다거나, 눕는다.'라고 하면 이 사람은 내가 말한 이치를 이해하지 못한 사람이니라. 왜냐하면 여래는 어디로부터 오는 것도 아니며, 또한 어디로 가는 것도 아니기 때문이다. 그러므로 '그렇게 오다'라고 부른다."

제30, 하나로 된 이치의 모습[一合理相分]

"수보리야, 만약 선남자·선여인이 삼천 대천세계를 부수어 아주 작은 먼지를 만들었다면 그대는 어떻게 생각하는가? 이 작은 먼지들이 얼마나 많겠는가?"

"매우 많습니다, 세존이시여. 왜냐하면 만약 이 작은 먼지들이 진실로 있는 것이라면 부처님께서는 곧 작은 먼지들에 대해서 말씀하시지 않으셨을 것이기 때문입니다. 왜냐하면 부처님께서 말씀하시는 작은 먼지들은 곧 작은 먼지들이 아니며, 그 이름이 작은 먼지들이기 때문입니다.

세존이시여, 여래께서 말씀하신 삼천 대천세계도 곧 세계가 아니고, 그 이름이 세계일 뿐입니다. 왜냐하면 만약 세계가 진실로 존재하는 것이라면 그것은 곧 하나로 된 모습입니다. 여래께서 말씀하시는 하나로 된 모습이란 곧 하나로 된 모습이 아니고 그 이름이 하나로 된 모습일 뿐이기 때문입니다."

"수보리야, 그 하나로 된 모습이란 것은 실은 이야기 할 수 없는 것인데 다만 범부들이 그 것에 대하여 탐하고 집착하기 때문이니라."

제31, 지견을 내지 않는다[知見不生分]

"수보리야, 만약 어떤 사람이 말하기를 '여래가 나라는 지견과 남이라는 지견과 중생이라는 지견과 수명에 대한 지견을 말하더라'고 한다면, 수보리야, 그대는 어떻게 생각하는가? 이 사람은 내가 말한 이치를 제대로 이해한 것인가?"

"아닙니다, 세존이시여. 이 사람은 여래께서 말씀하신 이치를 이해하지 못하였습니다. 왜냐하면 세존께서 말씀하신 나라는 지견과 남이라는 지견과 중생이라는 지견과 수명에 대한 지견은, 곧 나라는 지견과 남이라는 지견과 중생이라는 지견과 수명에 대한 지견이 아닙니다. 그 이름이 나라는 지견과 남이라는 지견과 중생이라는 지견과 수명에 대한 지견일 뿐이기 때문입니다."

"수보리야, 최상의 깨달음에 대한 마음을 일으킨 사람은 모든 존재에 대하여 반드시 이와 같이 알아야하며, 이와 같이 보아야하며, 이와 같이 믿고 이해해서 존재에 대한 상(相)이 나지 않아야 한다. 수보리야, 존재에 대한 상이란 여래는 곧 존재에 대한 상이 아니고 그 이름이 존재에 대한 상이라고 말할 뿐이니라."

제32, 응화신(應化身)은 진실이 아니다 [應化非眞分]

"수보리야, 만약 어떤 사람이 한량없는 아승지세계에 가득 찬 금·은·보화를 가지고 널리 보시한 이가 있고, 만약에 또 다른 어떤 선남자·선여인이 있어서 보살의 마음을 내어 이 경전을 가지고 네 글귀만이라도 받아 지니고 읽고 외워서, 다른 이를 위해서 설명하여 준다면, 그 복이 앞의 복보다 훨씬 뛰어나리라. 어떻게 하는 것이 '남을 위하여 설명하여 주는 것'인가? 상(相)에 끌려 다니지 않고 여여(如如)하여 동요하지 않는 것이니라.〔不取於相 如如不動〕

왜냐하면, 모든 작위(作爲)가 있는 것은 마치 꿈같고, 환영 같고, 물거품 같고, 그림자 같고, 이슬 같고, 번개 같으니 반드시 이와 같이 관찰하도록 하라.〔一切有爲法 如夢幻泡影 如露亦如電 應作如是觀〕"

부처님께서 이 경을 다 말씀하여 마치시니 덕이 높으신 수보리 존자와 여러 비구·비구니와 우바새·우바이와 일체 세간의 천신들과 사람들과 아수라들이 부처님의 말씀을 듣고는 모두 다 크게 기뻐하여 믿고 받아들이며 받들어 수행하게 되었습니다.

회 향 문

사경제자 :   합장

사경마침 일시 :   년   월   일

◆무비(如天 無比) 스님
· 전 조계종 교육원장.
· 범어사에서 여환스님을 은사로 출가.
· 해인사 강원 졸업.
· 해인사, 통도사 등 여러 선원에서 10여년 동안 안거.
· 통도사, 범어사 강주 역임.
· 조계종 종립 은해사 승가대학원장 역임.
· 탄허스님의 법맥을 이은 강백.
· 화엄경 완역 등 많은 집필과 법회 활동.

▶저서와 역서
· 『금강경 강의』, 『보현행원품 강의』, 『화엄경』, 『예불문과 반야심경』,
  『반야심경 사경』외 다수.

金 剛 經

초판 발행일 · 2002년 2월 20일
36쇄 발행일 · 2025년 7월 25일
편　저 · 무비 스님
펴낸이 · 이규인
편　집 · 천종근
펴낸곳 · 도서출판 窓
등록번호 · 제15-454호
등록일자 · 2004년3월 25일

주소 · 서울시 영등포구 문래북로116 트리플렉스 903호
전화 · 322-2686, 2687/ 팩시밀리 · 326-3218
e-mail · changbook1@hanmail.net
홈페이지· www.changbook.co.kr

ISBN 89-7453-092-9 04220
정가　9,000원

* 파손된 책은 구입하신 서점이나 《도서출판 窓》에서 바꾸어 드립니다.
☞ 염화실(http://cafe.daum.net/yumhwasil)에서 무비스님의 강의를 들을 수 있습니다.